50 Recetas Todo Sobre los Huevos

Por: Kelly Johnson

Table of Contents

- Huevos revueltos
- Huevos estrellados
- Tortilla española
- Huevos pochados
- Huevos duros
- Huevos a la copa
- Huevos rancheros
- Huevos benedictinos
- Huevos al horno
- Huevos a la mexicana
- Huevos con chorizo
- Huevos con jamón
- Huevos con espinacas
- Huevos rellenos
- Huevos gratinados
- Huevos con tomate
- Huevos en salsa verde

- Huevos en salsa roja
- Huevos a la diabla
- Huevos al curry
- Huevos con aguacate
- Huevos con champiñones
- Huevos a la florentina
- Huevos con queso
- Huevos con tocino
- Huevos a la crema
- Huevos con pimientos
- Huevos con cebolla
- Huevos con calabacitas
- Huevos con frijoles
- Huevos con salsa de chipotle
- Huevos a la parrilla
- Huevos en cazuela
- Huevos con papa
- Huevos en tortilla de harina
- Huevos con salsa de tomate picante

- Huevos con albahaca
- Huevos en aguacate al horno
- Huevos con jamón serrano
- Huevos con cebollas caramelizadas
- Huevos al vapor
- Huevos con salsa de mole
- Huevos con chiles rellenos
- Huevos con verduras salteadas
- Huevos con crema y chile
- Huevos en pan tostado
- Huevos con salsa de soja
- Huevos con ensalada fresca
- Huevos en cazuela de barro
- Huevos con salsa tártara

Huevos Revueltos

Ingredientes:

- 2-3 huevos
- Sal y pimienta
- Mantequilla o aceite

Instrucciones:

1. Batir los huevos con sal y pimienta.
2. Calentar mantequilla en una sartén a fuego medio.
3. Verter los huevos y remover suavemente hasta que cuajen pero queden cremosos.
4. Servir calientes.

Huevos Estrellados (Huevos fritos con patatas)

Ingredientes:

- 2 huevos
- Patatas fritas
- Aceite para freír
- Sal

Instrucciones:

1. Freír las patatas y reservar.
2. Freír los huevos en aceite caliente hasta que la clara esté cuajada y la yema líquida.
3. Servir los huevos sobre las patatas y salar al gusto.

Tortilla Española (Tortilla de Patatas)

Ingredientes:

- 4 huevos
- 3-4 patatas medianas
- 1 cebolla (opcional)
- Aceite de oliva
- Sal

Instrucciones:

1. Pelar y cortar las patatas en rodajas finas. Freír en abundante aceite con la cebolla hasta que estén tiernas.
2. Batir los huevos con sal.
3. Escurrir las patatas y mezclar con los huevos.
4. Cocinar la mezcla en una sartén con un poco de aceite, darle la vuelta y cuajar ambos lados.
5. Servir caliente o frío.

Huevos Pochados

Ingredientes:

- 1 huevo
- Agua
- Vinagre (opcional)

Instrucciones:

1. Hervir agua en una olla con un poco de vinagre.
2. Romper el huevo en un recipiente pequeño.
3. Remover el agua en la olla para crear un remolino y verter el huevo en el centro.
4. Cocinar 3-4 minutos hasta que la clara esté cuajada y la yema líquida.
5. Sacar con espumadera y escurrir.

Huevos Duros

Ingredientes:

- Huevos

Instrucciones:

1. Poner los huevos en agua fría y llevar a ebullición.

2. Cocinar 9-12 minutos.

3. Enfriar en agua fría, pelar y servir.

Huevos a la Copa

Ingredientes:

- Huevos

Instrucciones:

1. Cocer los huevos en agua hirviendo durante 4-6 minutos para que la yema quede líquida y la clara cuajada.

2. Servir en un vaso o copa para comer con cucharilla.

Huevos Rancheros

Ingredientes:

- 2 huevos
- Tortillas de maíz
- Salsa de tomate o salsa ranchera
- Frijoles refritos (opcional)
- Aceite
- Sal

Instrucciones:

1. Freír las tortillas ligeramente.
2. Freír los huevos al gusto (normalmente estrellados).
3. Servir los huevos sobre las tortillas, añadir salsa por encima y acompañar con frijoles si se desea.

Huevos Benedictinos

Ingredientes:

- 2 huevos pochados
- 2 mitades de muffin inglés o pan tostado
- 2 lonchas de jamón o bacon
- Salsa holandesa

Instrucciones:

1. Tostar el pan o muffin.
2. Colocar el jamón o bacon encima.
3. Poner encima el huevo pochado.
4. Cubrir con salsa holandesa y servir.

Huevos al Horno

Ingredientes:

- 2 huevos
- Sal y pimienta
- Mantequilla o aceite
- Opcional: nata, queso, jamón, espinacas, etc.

Instrucciones:

1. Precalentar el horno a 180°C.
2. Engrasar un recipiente pequeño apto para horno.
3. Cascar los huevos en el recipiente.
4. Añadir sal, pimienta y opcionalmente nata o ingredientes extras.
5. Hornear durante 10-15 minutos hasta que las claras estén cuajadas.

Huevos a la Mexicana

Ingredientes:

- 3 huevos
- 1 tomate picado
- 1/2 cebolla picada
- 1 chile jalapeño o serrano picado (opcional)
- Aceite
- Sal

Instrucciones:

1. Sofríe la cebolla, el tomate y el chile en aceite hasta que estén tiernos.
2. Bate los huevos y añádelos a la sartén, mezcla bien con las verduras.
3. Cocina revolviendo hasta que los huevos estén cuajados pero jugosos.
4. Sirve caliente.

Huevos con Chorizo

Ingredientes:

- 3 huevos
- 150 g de chorizo cortado o desmenuzado
- Aceite (si es necesario)

Instrucciones:

1. Cocinar el chorizo en una sartén hasta que esté bien dorado y haya soltado su grasa.
2. Batir los huevos y añadirlos al chorizo en la sartén.
3. Revolver hasta que los huevos estén cocidos.
4. Servir caliente.

Huevos con Jamón

Ingredientes:

- 3 huevos
- 100 g de jamón picado
- Aceite o mantequilla
- Sal y pimienta

Instrucciones:

1. Calentar un poco de aceite o mantequilla en la sartén.
2. Añadir el jamón y sofreír unos minutos.
3. Batir los huevos con sal y pimienta y añadir a la sartén.
4. Revolver hasta que estén cocidos a tu gusto.

Huevos con Espinacas

Ingredientes:

- 3 huevos
- 150 g de espinacas frescas
- 1 diente de ajo picado
- Aceite
- Sal y pimienta

Instrucciones:

1. Saltear el ajo en aceite y añadir las espinacas hasta que se marchiten.
2. Batir los huevos con sal y pimienta.
3. Verter los huevos sobre las espinacas en la sartén y cocinar revolviendo hasta que estén listos.

Huevos Rellenos

Ingredientes:

- 6 huevos duros
- 3 cucharadas de mayonesa
- 1 cucharadita de mostaza
- Sal y pimienta
- Pimentón dulce (opcional)

Instrucciones:

1. Pelar los huevos duros y cortarlos por la mitad.
2. Sacar las yemas y mezclar con mayonesa, mostaza, sal y pimienta.
3. Rellenar las claras con la mezcla.
4. Espolvorear con pimentón dulce antes de servir.

Huevos Gratinados

Ingredientes:

- 4 huevos cocidos
- Salsa bechamel o nata
- Queso rallado
- Sal y pimienta

Instrucciones:

1. Cortar los huevos cocidos por la mitad y colocarlos en una fuente para horno.
2. Cubrir con bechamel o nata y espolvorear queso rallado.
3. Gratinar en el horno hasta que el queso esté dorado.

Huevos con Tomate

Ingredientes:

- 3 huevos
- 3 tomates maduros picados
- 1 cebolla pequeña picada
- Aceite
- Sal y pimienta

Instrucciones:

1. Sofreír la cebolla hasta que esté transparente.
2. Añadir los tomates y cocinar hasta obtener una salsa espesa.
3. Hacer huecos en la salsa y cascar los huevos dentro.
4. Tapar y cocinar a fuego bajo hasta que los huevos estén a tu gusto.

Huevos en Salsa Verde

Ingredientes:

- 4 huevos
- 400 ml de salsa verde (tomatillo, chile, cilantro, cebolla)
- Aceite
- Sal

Instrucciones:

1. Calentar la salsa verde en una sartén.
2. Cascar los huevos dentro de la salsa.
3. Tapar y cocinar a fuego bajo hasta que las claras estén cuajadas y las yemas jugosas.
4. Servir acompañados con tortillas.

Huevos en Salsa Roja

Ingredientes:

- 4 huevos
- 400 ml de salsa roja (tomate, chile, ajo, cebolla)
- Aceite
- Sal

Instrucciones:

1. Calentar la salsa roja en una sartén.
2. Cascar los huevos dentro de la salsa.
3. Tapar y cocinar a fuego bajo hasta que los huevos estén cocidos a tu gusto.
4. Servir con tortillas o pan.

Huevos a la Diabla

Ingredientes:

- 4 huevos duros
- 2 cucharadas de mayonesa
- 1 cucharada de mostaza
- 1 cucharadita de salsa picante (tipo Tabasco)
- 1 pizca de pimentón dulce
- Sal y pimienta

Instrucciones:

1. Pelar y cortar los huevos duros por la mitad.
2. Sacar las yemas y mezclar con mayonesa, mostaza, salsa picante, sal, pimienta y pimentón.
3. Rellenar las claras con esta mezcla.
4. Decorar con un poco más de salsa picante o pimentón y servir.

Huevos al Curry

Ingredientes:

- 4 huevos duros
- 1 cebolla picada
- 1 tomate picado
- 1 cucharadita de curry en polvo
- 200 ml de leche de coco (opcional)
- Aceite
- Sal

Instrucciones:

1. Sofreír la cebolla y el tomate en aceite.
2. Añadir el curry y mezclar bien.
3. Agregar la leche de coco y cocinar unos minutos.
4. Cortar los huevos duros por la mitad y añadirlos a la salsa.
5. Calentar todo junto y servir.

Huevos con Aguacate

Ingredientes:

- 2 huevos (fritos, pochados o revueltos)
- 1 aguacate maduro
- Sal y pimienta
- Limón (opcional)

Instrucciones:

1. Preparar los huevos al gusto.
2. Cortar el aguacate en rodajas o hacer un puré con sal, pimienta y unas gotas de limón.
3. Servir los huevos acompañados del aguacate.

Huevos con Champiñones

Ingredientes:

- 3 huevos
- 150 g de champiñones frescos laminados
- 1 diente de ajo picado
- Aceite
- Sal y pimienta

Instrucciones:

1. Saltear el ajo y los champiñones en aceite hasta que estén tiernos.
2. Batir los huevos con sal y pimienta.
3. Añadir los huevos a la sartén y cocinar revolviendo hasta que estén listos.

Huevos a la Florentina

Ingredientes:

- 2 huevos pochados
- Espinacas cocidas y escurridas
- Salsa bechamel o salsa holandesa
- Pan tostado o muffin inglés

Instrucciones:

1. Colocar las espinacas sobre el pan tostado.
2. Poner encima los huevos pochados.
3. Cubrir con salsa bechamel o holandesa.
4. Servir caliente.

Huevos con Queso

Ingredientes:

- 3 huevos
- 50 g de queso rallado (cheddar, mozzarella o el que prefieras)
- Sal y pimienta
- Mantequilla o aceite

Instrucciones:

1. Batir los huevos con sal y pimienta.
2. Calentar mantequilla en una sartén y verter los huevos.
3. Cuando estén casi listos, espolvorear el queso por encima y dejar que se derrita.
4. Servir calientes.

Huevos con Tocino

Ingredientes:

- 2-3 huevos
- 3-4 tiras de tocino
- Sal y pimienta

Instrucciones:

1. Freír el tocino hasta que esté crujiente y reservar.
2. Freír los huevos en la grasa del tocino o en una sartén limpia.
3. Servir los huevos con el tocino al lado.

Huevos a la Crema

Ingredientes:

- 3 huevos
- 100 ml de nata para cocinar (crema)
- Sal y pimienta
- Mantequilla

Instrucciones:

1. Batir los huevos con la nata, sal y pimienta.
2. Calentar mantequilla en una sartén.
3. Verter la mezcla y cocinar revolviendo suavemente hasta que cuaje, dejando que quede cremoso.
4. Servir caliente.

Huevos con Pimientos

Ingredientes:

- 3 huevos
- 1 pimiento rojo o verde cortado en tiras
- 1/2 cebolla picada
- Aceite
- Sal y pimienta

Instrucciones:

1. Saltear la cebolla y el pimiento en aceite hasta que estén tiernos.
2. Batir los huevos con sal y pimienta.
3. Añadir los huevos a la sartén y cocinar revolviendo hasta que estén listos.
4. Servir caliente.

Huevos con Cebolla

Ingredientes:

- 3 huevos
- 1 cebolla mediana picada
- Aceite
- Sal y pimienta

Preparación:

1. Sofríe la cebolla en aceite hasta que esté transparente y ligeramente dorada.
2. Bate los huevos con sal y pimienta.
3. Añade los huevos a la sartén con la cebolla y cocina revolviendo hasta que estén cuajados.
4. Sirve caliente.

Huevos con Calabacitas

Ingredientes:

- 3 huevos
- 2 calabacitas cortadas en cubos
- 1 diente de ajo picado
- Aceite
- Sal y pimienta

Preparación:

1. Sofríe el ajo en aceite y añade las calabacitas. Cocina hasta que estén tiernas.
2. Bate los huevos con sal y pimienta.
3. Vierte los huevos sobre las calabacitas y cocina revolviendo hasta que estén listos.
4. Sirve caliente.

Huevos con Frijoles

Ingredientes:

- 2 huevos
- 150 g de frijoles refritos
- Aceite o mantequilla
- Sal y pimienta

Preparación:

1. Calienta los frijoles refritos en una sartén.
2. Cocina los huevos al gusto (estrellados, revueltos, pochados).
3. Sirve los huevos acompañados con los frijoles calientes.
4. Salpimienta al gusto.

Huevos con Salsa de Chipotle

Ingredientes:

- 3 huevos
- 4-5 chiles chipotles en adobo
- 1 tomate grande
- 1/2 cebolla
- Aceite
- Sal

Preparación:

1. Licúa el tomate, la cebolla y los chiles chipotles hasta obtener una salsa.
2. Sofríe la salsa en aceite durante 5 minutos.
3. Casca los huevos en la salsa y cocina a fuego medio hasta que las claras estén firmes.
4. Sirve caliente.

Huevos a la Parrilla

Ingredientes:

- 2 huevos
- Aceite
- Sal y pimienta

Preparación:

1. Prepara una plancha o parrilla con un poco de aceite para evitar que se peguen los huevos.
2. Casca los huevos directamente sobre la parrilla.
3. Cocina a tu gusto.
4. Salpimienta y sirve.

Huevos en Cazuela

Ingredientes:

- 4 huevos
- 1 tomate picado
- 1/2 cebolla picada
- Pimiento (opcional)
- Aceite
- Sal y pimienta

Preparación:

1. En una cazuela o sartén, sofríe la cebolla, el tomate y el pimiento hasta que estén tiernos.
2. Casca los huevos sobre las verduras y tapa la cazuela.
3. Cocina a fuego bajo hasta que los huevos estén cocidos a tu gusto.
4. Sirve con pan.

Huevos con Papa

Ingredientes:

- 3 huevos
- 2 papas medianas cortadas en cubos
- Aceite
- Sal y pimienta

Preparación:

1. Fríe las papas en aceite hasta que estén doradas y tiernas. Escurre el exceso de aceite.
2. Bate los huevos con sal y pimienta.
3. Mezcla los huevos con las papas y cocina en sartén hasta que los huevos estén cuajados.
4. Sirve caliente.

Huevos en Tortilla de Harina

Ingredientes:

- 2 huevos
- 2 tortillas de harina
- Aceite o mantequilla
- Sal y pimienta

Preparación:

1. Cocina los huevos al gusto (revueltos o estrellados).
2. Calienta las tortillas de harina.
3. Coloca los huevos sobre una tortilla y cubre con la otra formando un sándwich.
4. Puedes tostarlo ligeramente en sartén para que quede crujiente.
5. Sirve.

Huevos con Salsa de Tomate Picante

Ingredientes:

- 3 huevos
- 3 tomates maduros
- 1 chile o salsa picante al gusto
- 1/2 cebolla
- Aceite
- Sal

Preparación:

1. Licúa o pica los tomates, el chile y la cebolla para hacer la salsa.
2. Sofríe la salsa en aceite y cocina hasta que espese.
3. Casca los huevos en la salsa y cocina tapado hasta que las claras estén firmes.
4. Sirve caliente.

Huevos con Albahaca

Ingredientes:

- 3 huevos
- Hojas frescas de albahaca picadas
- Aceite o mantequilla
- Sal y pimienta

Preparación:

1. Bate los huevos con sal, pimienta y la albahaca picada.
2. Calienta aceite o mantequilla en sartén.
3. Cocina los huevos revolviendo hasta que estén listos.
4. Sirve caliente.

Huevos en Aguacate al Horno

Ingredientes:

- 1 aguacate maduro
- 2 huevos
- Sal y pimienta
- Queso rallado (opcional)

Instrucciones:

1. Corta el aguacate a la mitad y quita el hueso.
2. Agranda un poco el hueco para que quepa el huevo.
3. Coloca las mitades en una bandeja para horno y casca un huevo en cada una.
4. Salpimienta y añade queso si deseas.
5. Hornea a 180°C por 15-20 minutos o hasta que el huevo esté cocido a tu gusto.

Huevos con Jamón Serrano

Ingredientes:

- 3 huevos
- 100 g de jamón serrano en tiras
- Aceite
- Sal y pimienta

Instrucciones:

1. Saltea el jamón serrano en una sartén sin aceite hasta que esté ligeramente crujiente.
2. Bate los huevos con sal y pimienta.
3. Añade los huevos a la sartén con el jamón y cocina revolviendo hasta que estén listos.
4. Sirve caliente.

Huevos con Cebollas Caramelizadas

Ingredientes:

- 3 huevos
- 1 cebolla grande en juliana
- 1 cucharada de azúcar o miel
- Aceite o mantequilla
- Sal y pimienta

Instrucciones:

1. Cocina la cebolla en aceite o mantequilla a fuego bajo, añade el azúcar y cocina lentamente hasta que esté dorada y dulce.
2. Bate los huevos con sal y pimienta.
3. Añade los huevos a la sartén con la cebolla caramelizada y cocina hasta que estén listos.
4. Sirve caliente.

Huevos al Vapor

Ingredientes:

- 4 huevos
- Agua para vapor
- Sal

Instrucciones:

1. Coloca los huevos en una vaporera o cesta para cocinar al vapor.
2. Cocina al vapor durante 10-12 minutos para huevos duros o menos tiempo para que queden con la yema líquida.
3. Pela y sirve con sal al gusto.

Huevos con Salsa de Mole

Ingredientes:

- 3 huevos
- 1 taza de mole preparado
- Aceite
- Sal

Instrucciones:

1. Cocina los huevos al gusto (duros o estrellados).
2. Calienta el mole en una sartén.
3. Sirve los huevos bañados con mole caliente.
4. Puedes acompañar con arroz o tortillas.

Huevos con Chiles Rellenos

Ingredientes:

- 2-3 huevos
- 2 chiles poblanos asados, pelados y sin semillas
- Queso rallado o deshebrado
- Aceite
- Sal y pimienta

Instrucciones:

1. Rellena los chiles con queso.
2. Bate los huevos con sal y pimienta.
3. Fríe los chiles en la mezcla de huevo o sirve los huevos revueltos junto a los chiles rellenos.
4. Sirve caliente.

Huevos con Verduras Salteadas

Ingredientes:

- 3 huevos
- Verduras al gusto (pimiento, cebolla, calabacín, champiñones)
- Aceite
- Sal y pimienta

Instrucciones:

1. Saltea las verduras en aceite hasta que estén tiernas.
2. Bate los huevos con sal y pimienta.
3. Añade los huevos a las verduras y cocina revolviendo hasta que estén listos.
4. Sirve caliente.

Huevos con Crema y Chile

Ingredientes:

- 3 huevos
- 100 ml de crema ácida
- Chile serrano o en polvo al gusto
- Sal y pimienta

Instrucciones:

1. Cocina los huevos revueltos con sal y pimienta.
2. Añade la crema al final y mezcla suavemente.
3. Agrega chile al gusto.
4. Sirve caliente.

Huevos en Pan Tostado

Ingredientes:

- 2 huevos
- 2 rebanadas de pan
- Mantequilla
- Sal y pimienta

Instrucciones:

1. Tuesta el pan y úntalo con mantequilla.
2. Cocina los huevos al gusto (estrellados, pochados o revueltos).
3. Coloca los huevos sobre el pan tostado.
4. Salpimienta y sirve.

Huevos con Salsa de Soja

Ingredientes:

- 3 huevos
- 2 cucharadas de salsa de soja
- Aceite
- Cebollín picado (opcional)
- Sal y pimienta al gusto

Instrucciones:

1. Cocina los huevos al gusto (revueltos, estrellados o pochados).
2. En una sartén, calienta un poco de aceite y añade la salsa de soja para que tome temperatura.
3. Sirve los huevos y vierte la salsa de soja por encima.
4. Decora con cebollín picado si deseas.
5. Ajusta sal y pimienta con cuidado, ya que la salsa de soja es salada.

Huevos con Ensalada Fresca

Ingredientes:

- 2 huevos cocidos (duros o pochados)
- Lechuga, tomate, pepino, y otras verduras frescas al gusto
- Aceite de oliva
- Vinagre o limón
- Sal y pimienta

Instrucciones:

1. Prepara una ensalada fresca con las verduras elegidas.
2. Corta los huevos y colócalos sobre la ensalada.
3. Aliña con aceite, vinagre o limón, sal y pimienta.
4. Sirve como plato ligero o acompañamiento.

Huevos en Cazuela de Barro

Ingredientes:

- 3 huevos
- 1 tomate picado
- 1/2 cebolla picada
- Pimiento picado
- Aceite
- Sal y pimienta

Instrucciones:

1. En la cazuela de barro, sofríe la cebolla, el tomate y el pimiento en aceite.
2. Casca los huevos dentro de la cazuela.
3. Cocina tapado a fuego bajo hasta que los huevos estén cocidos a tu gusto.
4. Sirve directamente en la cazuela para mantener el calor.

Huevos con Salsa Tártara

Ingredientes:

- 3 huevos cocidos duros
- 3 cucharadas de mayonesa
- 1 cucharada de pepinillos picados
- 1 cucharadita de alcaparras picadas (opcional)
- Jugo de limón
- Sal y pimienta

Instrucciones:

1. Pica los huevos cocidos.
2. Mezcla la mayonesa, pepinillos, alcaparras, jugo de limón, sal y pimienta para preparar la salsa tártara.
3. Incorpora los huevos picados a la salsa.
4. Sirve frío, como acompañamiento o en tostadas.

www.ingramcontent.com/pod-product-compliance
Lightning Source LLC
LaVergne TN
LVHW081328060526
838201LV00055B/2515